Tallella elämän kruunu

Aino Kerkolan runoja

Aino Kerkola

Tallella

elämän kruunu

Aino Kerkola, os. Pöyhönen
s. 24.12.1910 Suonenjoki
k. 9.10.1979 Kuopio

Kaikki oikeudet pidätetään.
Kustantaja: BoD – Books on Demand, Helsinki, Suomi
Valmistaja: BoD – Books on Demand, Norderstedt, Saksa
ISBN: 978-952-80-4832-9

Sisällys

Savinen harppu

SAVINEN HARPPU

Oi jos yksikin harppuni kieli
helähtäis Herralle kiitosta soimaan.
Mutt miten tuo harppu savesta tehty
kirkkahan antaisi sävelen.

Ota Valaja harppuni savinen
anna hehkusi polttaa kielet sen,
että kirkkaan soisi se sävelen.

KUVA

Leikkii lapsi lattialla auringossa
vanhus viipyy pirtin pyhäpuhtahassa.

Ikkunassa talven kukat jäiset.

Pihapuussa ensi lintu helää.
Vanhus virkkaa:
Saispa aina kiitos sydämessäs elää.

KOTIKIRKON RISTI

Käsikädessä he astuivat pyhäkköön
äiti ja lapsi.
Tornin huipussa kimmelsi kullattu risti.

Hän oli oppinut paljon
lapsi.
Valtaa ja kunniaa oli hän saavuttanut,
moni kadehti häntä.
Mutta risti peittyi pilvenpiirtäjien varjoon.

Jälleen hän lepäsi pienessä majassaan.
Taudin ankara käsi oli tarttunut häneen
ja polttava ikävä tuonut
lapsuuden maille.
Vuoteeseen sidottuna hän öisin valvoi
ja taisteli.
Aamulla toi palveleva sisar viestin
rakkauden maailmasta.

— kulkiko hänen kanssaan
lapsuusajan enkeli —

Avoimesta ikkunasta kantautui sävel.
Se paisui,
kuin enkelkuoro se täytti sairaan majan.

Se eli
maailma, jonka sisältö oli
armo - risti.

Aamulla löysi sisar sairaan

vaalennein kasvoin.
Hän oli painunut maahan
nähdäkseen
lapsuuden ristin.

SINÄ OLET SUURI, JUMALA

Maan mahtavat pitävät neuvoa
rajat siirtyvät
nerot aivot keksivät uutta.
Sanotaan
ihmisellä on valta.

Vain tuulen henkäys
tärähdys maankuoren
tulvavesi
kuoleman siipien kosketus.
Ihminen sanoo
Sinä olet suuri, Jumala.

Matkalla

ALKU – LOPPU

Kappale maata
henki
sielu

ahjo
alasin
taitava takoja

kyynel
kiitos
armo autuus.

Keskellä myrskyn
ärjyvän raivon
yössä yksin
venheessä airottomassa
edessä kavalat
kalliopaadet.

Ankkuri
ankkuri
elämän kipinä
aamuruskossa
ylenevässä.

Köydet narskuvat,
kestävätkö?
Syvyys
korkeus
säikeet kiertävät
alhaalta ylös.

MAJA

Rakennus valkea hieno
oli kerran asumus aatosten suurten.
Tee niin tee näin,
kyllä Herrasi auttaa.
Omat neuvot työt sekä järkeni ohjeet
vievät varmasti onneni kartanoihin.

Tuli myrsky
kaatoi valkean majan,
Jäi jäljelle rauniot tuhka ja savi.

Oi näistä jos Herrani muovais uuden
majan harmaan vähäisen
ikuisuuden
aamua oottavan,
sanansa antais,
mi jokaisen päivän alkais ja päättäis
nimehen Herran.

RISTIN LUONA

Kun minua kohtaa mainen onni
kun silmäni saavat katsoa suurta hyvyyttäsi
samalla vyöryy pääni yli suuri tuskan aalto.

Näin Sinä Herrani hoidat omiasi.
Olenhan kelvoton kantamaan vain
onneni aarteita.
Ne veisivät kauaksi ristisi luota.

NÄYN ODOTUS

Rikkaan miehen veljien lailla
vietän aikani vain,
pyhää pelkoa, nöyryyttä vailla,
näkyä odottain.

Käskyjä lain sekä profeettain ääntä
minä tottele en.
Maan sumujen peittämää määränpäätä
vain aavistelen.

Yhä vieläkö oman kattoni alla
joku sairastaa?
Niin usein hyvyyttä, hellyyttä vailla
vain murusen saa.

Oi nosta tielleni pimeälle
pyhä ristin puu.
Niin näkynä kylmälle sydämelle
se kirkastuu.

VIINIPUU JA OKSAT

Viinipuu hoidossa tarhurin
oksina kulkijat kaidan tien,
ne ravinnon saavat rungosta vain
valoa ylhäältä odottain
kestävät myrskyn ja pimeän
auringon helteen polttavan.
Hedelmät kypsyvät aikanaan
jos runko saa ravita oksiaan.
Mutt oksa jos painuu maahan päin
tuen tarhurin hyljäten, alas näin
se juurtuvi maahan matalaan,
on hedelmät villimarjoja vaan.
Pois leikkaa oksan kun tarhuri käy.
Ei maahan iäisyysnäkyä näy.

VAIN PISARA

Herran seuraaja on kuin vesipisara
ei hänellä ole siipiä
joilla lentäisi ylös pilviin
ei jalkoja joilla kiipeäisi ylös vuorille
ja kun häntä läheltä katsoo
ei häntä ollenkaan näy
mutta kun maa halkeilee kuivuudesta
ja janoaa kosteutta
silloin lankeaa sade maahan
ja pisara tuo mukanaan siunausta.

Joskus joutuu pisara maan uumeniin
kovien painojen alle
näkemättä kulkemaan
kunnes pulppuaa kirkkaana lähteenä.

Sateitten jälkeen
talttuvat armon säteet pisarassa.
Ihminen katselee sateenkaarta
lupauksen merkkiä.

MATKALLA

Hän oli kukkulalla
korpitaipaleellaan.
Sai unohtaa kestetyt vaivat
levähtää hetken,
ihmetellä armon suuruutta,
joka oli kantanut
yli soiden vaarojen.

Polku edessä
peittyi usvaan.
Miten osaisi
erottaa oikean
keinovaloin valaistuista.
Kuin eksyvän lapsen
tulisi hänenkin
aina kysyä
kysyä Isältä.

TYHJÄT KÄDET

Ne kohoavat ylös
anoen
edes yhtä pisaraa
siitä suuresta merestä
joka on kyllin syvä
peittämään koko maailman synnin.

Usein kädet hapuilevat
puristaakseen multaa
kunnes kirkkaus paljastaa sen
maan mullaksi.

Vain tyhjät kädet
voivat liittyä ristiin.
Vain tyhjät kädet
voivat täyttyä aarteista.

PYYNTÖ

Herra,
anna tuulesi puhaltaa
ja poistaa sumu,
joka estää
rukouksen
kohoamasta kohti taivasta
Sinun kunniaksesi,
yksin Sinun.

Opeta minua käymään
kuuliaisuuden tietä,
etten toisi alttarillesi
vierasta tulta,
joka vetää alas
pyhän liekkisi
ja polttaa minut
tuhkaksi.

RISTI

Siunattu risti
harteille laskettu taakka
raskas on kantaa
painavi maahan saakka.

Siunattu risti
kantaja iäisiin taipuu.
Pohjalastia
laivakin myrskyssä kaipaa.

Sopiva risti
Isän antama lapsillensa,
he taakasta kiittää
perille päästessänsä.

SÄVEL RIEMUN

Sävel riemun soi sielussa matkaajan.
Se outo on toisille vierellään.

Säde auringon, kukkanen, sävelkin maan
ne kaikki yhtyvät soimaan samaa
ylistysvirttä niin ihanaa.

Ei harmaa taivas, sadekostea maa
saa virren kaikua taukoamaan.

Mutta kaikki ei virren kaikua kuule.
On tuskaa täynnänsä maa.
Samoin huokasi matkaaja ammoin usein.
Syyn näki hän toisissa — marttyyri aivan
vuoks toisien kärsien.
Nyt tietää hän varmaan:
omat synnit laskien ristin juureen
ja toisten kulkijain tuskaa kantain
hän virren ihanan kuulee.

VAIN SANA

Janoinen etsii vettä,
nälkäinen ravintoa.
Joka synnin painon alla
nääntyy,
sille riittää yksi ainoa sana:
armo.

SÄILYTÄ KRUUNUS

Kaidan tien kulkijaa varten on tallella elämän
kruunu.

Valtaistuimen luona kumartuu vanhinten
joukko,
kruununsa laskevat Karitsan jalkojen juureen
soittaen kanteleillansa ylistysvirttä
kunniaks tapetun Karitsan
kiittäin verestä vuodatetusta.
Kantavat kultaiset maljansa Jumalan eteen
täynnänsä pyhien hartaita rukouksia.

Jumalan kunniaa pauhaa enkelten joukko.

Säilytä kruunus, kulkija murheen alhon.

Ihanille porteille
saakka

KUILU

Kulkuri kurja
väsynyt
sairas
ryöstetty kaikki
sauvan jo heittää
kerjääjän tavoin
kuilun äärellä istuu.

Kuiluna tehtyjen syntien summa.
Toisella puolella maa niin kaunis.
Toivo on mennyt.

Kuilun yli syntyy silta
rakentajana sukupolvien saatto
ne jotka keskellä taistelun maisen
rukoillen nostivat kätensä Jumalan puoleen
siunaten lapset
lastensa lapset.

Silta on Kristus.

Kulkuri sauvaansa tarttuu.

HALVATTU NUORI

Kylmät maailman viimat
niin monen nuoren on halvata saanut.
Ei pääse hän enää Jeesuksen luokse.

Oi ottakaa ystävät
rukousten käsivarsien päälle tuo nuori.
Laskekaa Jeesuksen jalkojen juureen.
On siitä hän nouseva voimin uusin,
rientävä työhön kiittäen hyvyyttä Herran.

VALKEA RATSU

Keväthämyssä nuori valvoo
yön hetkenä hiljaisen.
Sydän onnentäysi nyt palvoo
luona Isän taivaisen.

Valkolakki tuoksuvat ruusut
on toivo jo täyttynyt,
niin armaasti kotitanhut
hänet syliinsä sulkee nyt.

Mut kaiken tuon onnen alla
käy taistelu ainainen,
saako oma tahtoni olla
vai tahtoko taivainen

ohjeenani elämässä
mi kohta alkava ois,
vai täytyykö juuri tässä
kuin Isak uhrata pois.

Koti kunnaalla valkoinen ratsu
nyt seisoo korskuen
ja ikäänkuin salama, katso
sen valjaina hehkuen.

Ratsun selässä itse hän istuu
ulos portista lennähtäin,
mutta samassa vastaan astuu
musta armeija hyökäten päin.

Nyt käydään mustia kohti
syöksyen taistelemaan.
Näin ratsu taistelun johti
mustan armeijan antaumaan.

Käen kukunta, linnun laulu
unen helmasta noutaa pois,
mut öinen näky kuin taulu
edessä valvojan ois.

Hän kohti taistoa kulkee
mi eessä jo häämöttää,
mutta turva, mi suojaansa sulkee,
se sana on Jumalan.

LÄHTIJÄT

Keskellä toisten nuorten
he kulkevat tietänsä hiljaa,
on katseensa suunta niin kauas.
Isänmaansa on ylhäällä
koti täällä ja kaukana kenttä
mihin kutsuu hätä ja tuska.

Ero rakkaista, syntymämaasta,
kotokielestä, valosta kesän,
suvilehdosta tuoksuvasta.

On sanaton kaipuu heillä.

He kuulivat Mestarin käskyn
mennä maihin kaukaisiin
sanan sovituksesta viemään
pelon orjuuden maailmaan.
Iloiten käskyä Herran
he rientävät tottelemaan.

Siunaten saattajat jättää
nämä hoitoon taivaiseen.
Mitkä vaiheet matkalla kohtaa
aina Herraan he turvata saa.

JOULUTÄHTI JA KUMPU

Afrikka - sinä kipeän rakas maa
sinä avasit sylisi
kätkit poveesi pienoisen,
jonka jalat olivat liian hennot
polkemaan sinun kovaa kamaraasl.

Näin sinä sidoit itseesi heidän sydämensä,
jotka olivat kaukaa tulleet
auttamaan sinun lapsiasi.

Hehkuva joulutähti luo varjojaan
pienelle kummulle,
kun Afrikan yö yllättäen saapuu.

POLKU JA TÄHTI

Hiljaa.
Auttajasi saapuu.
Pimeän polkusi ylle
hän sytyttää kirkkaan tähden,
hän jonka omaa polkua reunustivat
orjantappurat,
jonka hikipisarat olivat veripisaroita.
Hän pyytää syntymälahjaksi
avaamaan sydämesi,
tuomaan seimen ääreen
kaiken sen mitä
mukanasi raahaat.

Taakkojen alta vapautuneena
näkevät silmäsi tähden
kirkkaudessaan.
Sen valo johtaa
pilvien läpi
ihanille porteille saakka.

JOULU-AATTO HAUTAUSMAALLA

Jäätynyt tulppaani
hangella valkealla,
elävä liekki
kummulla rakkaimmalla.

Palvovat kädet
liekin, kukkasen tuovat,
muistojen maljasta
kaipaavat sydämet juovat.

Kauneinkin kaari
maahan painuvi kerran.
Ikuinen henki
palajaa luokse Herran.

JOULUN VALOT

MIksi joulun valo on niin kirkas?
Siks' kun syttyi se niin synkkään yöhön.

Kansa Israelin kulki vapahdusta oottain
kantol kahleet lakiansa täyttäin.
Rikkojalle kuului synnin palkka.
Huoaten se kulki alla tuskan.

Synkkään yöhön syttyi kirkas valo,
taivas aukes, enkelkuoro lauloi.

Herran kunniata kaikui ilmain ääret.
Rauhan sanoman toi sotajoukko.

Ahdistus ja pelko täyttää taaskin mielet.
Toiset kulkee nääntyin synnin alla.

Mutta nytkin aukee taivaan portit.

Seimen lapsi kulki Golgatalle.
Veripisarat mi siellä vuoti
valmistivat pyhän joulujuhlan.

Taivaan kaipuu

KEVÄÄN IHME

Maa harmaja alta lumen ja roudan
kuin vanki pääs vapaaksi kahleistaan,
valoa auringon, päivää poudan
kevätsateessa oottavi viluissaan.

Mutt ennenkuin kylväjä pellolle ehtii
jo pieni kukkanen nostavi pään,
ja vuokko riemuiten puhkeevi lehtiin
järven ulapan luodessa helisten jään.

Näin säilyvi siemen elämän uuden
läpi talven uutehen kevääseen.
Myös siemen kätketty ikuisuuden
on kehdon lapsosen sydämeen.

SUVEN SANOMA

Katsellessa tyyntä poukamaa,
sinitaivaan kaarta hohtavaa
kukkain peittämiä rinnemaita
lapsen leikkejä niin onnekkaita,
kuunnellessa lintuin viserrystä,
koko luonnon Luojan ylistystä
ihminen niin ylväs maahan painuu.
Sydämen jo täyttää taivaan kaipuu.

AAMUHETKI

Mato sirkalle hyvän huomenen sanoi
ja nöyrästi puheillepääsyä anoi:

On mieli musta kun aina saa
maan pintaa pitkin vain taivaltaa.

Nyt kukkain latvat jo taivaan peittää
ja puutkin varjoja tielle heittää.

+ + +

Voi mato etkö sä kuulla voi
kuinka kissankellojen helinä soi.

Etkö huomaa sä värien runsautta
ja luonnon herkintä kauneutta.

Etkö tunne tuoksua ruusujen
tuomenkukkain ja kielojen.

Ken katselee kastepisaraa
se avaran taivaan nähdä saa.

+ + +

Aamukasteessa selkäänsä köyristäin
mato matkaansa jatkoi eteenpäin.

RUUSU

Pysähdyn eteesi,
kauneuttasi katson,
tuoksusi tunnen,
— Mykistyn aivan —.

Miten suuri on Luojasi,
Hän, joka mustasta mullasta
muovaili ihanan,
tuoksuvan ruusun.

VENEMATKA

Ne lipuvat hiljaa
läpi salmien,
kaartavat niemet
halkovat tyynen ulapan
venheet tummine soutajineen.

Virsi kiirii vettä pitkin,
kantautuu kaikuna
kohoten ylös korkeuteen.

Sävelet yhtyvät
armonsäteisiin
ja kietovat sydämet
kuin kalastajat saaliinsa
iäisyysikävään.

Korven kansa

VANHA SEURATUPA

Pysähdy ja kuule
sukupolvet puhuvat nyt meille
Herran armotöitä katselleille.

Koivut valkovarret rauhaa huminoivat
äärellämme tässä, missä templiin Herran
taakat murheet armoistuimelle toivat
esivanhempamme kilvoitellen kerran.

Herran tulen syttyessä näillä mailla
armosta he sydämiinsä piston saivat.
Kulkeissansa maista kunniata vailla
matkamääränänsä oli heillä taivas.

Rakkahaksi tuli heille Herran sana,
siksi korpitaivat käytiin tahi soutain
pyhät matkat tehtiin – aina ajajana
sanan nälkä – Herran tahdon tietä noutain.

Sanan säilyvän he tahtoi lapsillensa,
onhan siinä ainut turva vaivain teillä,
pyhän pelon jättää jälkipolvillensa,
siksi on tää kallis seuratupa meillä.

Kertoa jos voisi tuvan seinähirret
monta pyhää näkyä ne esiin toisi,
paimenien puheet, tumman kansan virret.
Kuka kyynelhelmet luetella voisi.

Tuvan suojiin Herra monen nuoren johti
hänen pyrkiessään pakoon Baabelista.
Moni saatto täältä kalmistoa kohti
kulki hiljaa. Nähtiin näky iäisistä.

Herran armokutsu kuuluu vielä yhä.
Hänen etehensä langetkaamme,
että johdatella armon Herra pyhä
saisi kotiin luokse Kaikkivaltiaamme.

HERRAN SANA ERÄMAASSA

Herran eteen kiittäin kumarrumme
armotöistään tuoden kiitoksemme.

Karusti korpi otti vastaan raivaajansa
kun he kirves kuokka kylvövakka mukanansa
savujansa sytytteli näillä mailla.

Halla, vaino — vaino, halla,
raatajien, raivaajien vieraat.
Missä turva, mistä voima
sytytellä savut uudelleen.

Taivaan voimat erämaahan lankee.
Herran huone nousee,
vetten yli kertoo risti
pelastuksen sanomata nääntyville
kooten niinkuin emo poikasensa
Herran eteen sanan lähtehille.

Tuhoten taas, vainolainen kulkee,
paimen kaatuu,
mutta rauniotkin huutaa Herran sanaa.

Vuosisadat vaihtuu,
korpi kaatuu,
raivaajien suku kasvaa, varttuu.
Pyhäköitten luku karttuu.
Herran tulet vuoroin palaa, hehkuu.

Niinkuin kahlehditut vedet
valoansa antaa,
samoin sanan valo iäisyyteen sadon kantaa.
Anna, Herra, herätyksen lounatuuli
synnin valtaa vastaan suojamuuri.

Nosta Kainuun kansan eteen
pyhä taivasnäky,
se ettei kilvoituksen korpitiellä kesken väsy.

PITKÄNÄ PERJANTAINA

Tule Mestarin kanssa käymään
tietä tuskien, kyynelten.
On ruoskan jälkiä täynnään
ja haavoja piikkien.

Pyhä Kärsijä Viaton.

Niin yksin hän valvoo yössä,
rukouksehen painuu pää.
Ihmiskunnan pelastustyössä
ei kukaan tuskaansa nää.

Alla ristin hän nääntyin kulkee
kohti Golgatan kukkulaa,
ja kansa pilkkaava, julkee,
samaa polkua taivaltaa.

Kun piikit käsihin lyödään,
risti pystyyn nostetaan,
tekee Saatana mielityötään:
pian saaliiksi kaiken saan.

Nyt järkkyvät vallat taivaan,
kova kallio halkeaa.
Mitä ristiltä kuulla saakaan
tuo kansa, mi odottaa.

Se on täytetty. Maailman synnit
verivirtoihin uppoaa.
Hän kärsi niin monet lyönnit,
valta Saatanan katkeaa.

Taas kulkevi Golgatalle
juhlasaatossa ihminen,
mutta painavan ristin alle
yhä jääneekö itkien

Pyhä Kärsijä Viaton.

KIRKON IKKUNA

Harmaa jyhkeä seinä
on kehys ikkunan holvikaaren.
Ihminen vuosisadasta toiseen
katsoo, kuulee,
Jumalan pyhyyden tuntee.

Kirkon holvissa kaikuu iäinen totuus.
"Tutki minua, Jumala",
ja hän näkee erheensä,
epäuskoisen sydämensä.

"Tunne minut." Oi, sinä tunnet,
tiedät kaikki, pimeimmätkin polkuni.
"Jos tieni on vaivaan vievä,
johdata minut iankaikkiselle tielle."
Niin, Herrani, anna anteeksi,
nosta ja kanna.

Totuus varma, ikikestävä kaikuu
kertoen pyhyyttä Herran.
Kuin kallis helmi, lähteestä
pulppuava vesi se kuohuu.

Läpi ikkunan kaaren siintää
kirkas syksyinen taivas.
Punainen lehti puhuu
veripisaroista, Mestarin
haavoista vuotaneista.

Oi sitä rakkauden määrää.
Nyt on taivas kirkas.
Golgatan päivänä se oli
-   sysimusta.

PYHÄINPÄIVÄNÄ

Valkohapsinen vanhus astuu
sanan kylvöä kylvämään.
On tänään hänellä vastuu
käydä laumaansa ruokkimaan.

Kirkon holvikaarisen täyttää
syksyn harmaja hämäryys,
mutt' vanhus astuvan näyttää
yllä rauha ja ylevyys.

Hän kuulijain kanssa kulkee
kohti Neebon kukkulaa.
Herra Mooseksen pääsyn sulkee,
vaikka määrä jo häämöttää.

Laki vuoren on saavutettu,
näyt ihanat avautuu.
Vuosikymmenet taivallettu
päämääränä tämä maa.

Palmukaupunki Jerikon laakso
asti merehen kaukaiseen,
maa luvattu isien vuoksi,
kuvaan piirtyvi utuiseen.

Tänä hetkenä auringon kulta
valojuovana kirkastaa,
ja aivan kuin pyhää tulta
katse vanhuksen heijastaa.

Mutta ääni Herran nyt kuuluu:
Sinun osasi maa ei tää.
Ja Mooses maahan jo kaatuu.
Herran tietohon hauta jää.

Taas hämärä kirkon verhoo,
sadepisarat ruutuun lyö.
Mutt' sanasta siemen versoo.
On viinitarhurin työ.

LEPOSIJA ERÄMAASSA

He lepäävät siinä
nurmettuneiden kumpujen alla,
ankaran korven lapset.

Kun maa avaa povensa
kätkeäkseen väsyneen raatajan,
ei kuulu kellojen ääni.

Erämaan mahtava soitto,
kosken kohina kallioita vasten
säestää sanoja:
Maasta olet sinä tullut.

Puitten latvat humisevat
lohtua murheisiin mieliin.
Lintujen heleät huilut
yhtyvät korven kuoroon.

Lammen tyyni pinta
syvällä heijastaa
taivaan kirkasta rauhaa.

Hiljaisen hetken ajatuksia

RIISUTTU IHMINEN

Kun Jumala viisaudessaan
purkaa paaluaitaa
erinomaisen minämme ympäriltä,
ihastuu sydämemme pienestäkin murusesta,
jonka joku Jumalan vähimmistä
tuo runsaalta pitopöydältä.

Riisuttu ihminen
on kuin soutaja
aavalla selällä ilman airoja.
Sielu huutaa apua,
mutta Jumalan tuulet kuljettavat
häntä kohti kotirantaa.

Hiljaisuuteen joutuneen
ei tarvitse
verrata itseään toisiin.
Taivaan oven raottuessa
häikäisevä kirkkaus paljastaa
hänen oman kurjuutensa.

TULEVAA ODOTTAEN

Uskon rukouksessa silmä katsoo menneeseen
kiittäen,
tähän hetkeen apua ja armoa anoen
ja tulevaan taivasnäkyä odottain.

Miten ihanaa onkaan päärlyporttien takana,
kun jo suvi-illan kauneus saa meidät
mykistymään.

Armahdetun syntisen haudalla soi kiitosvirsi.

SALATUT SUUNNITELMAT

Hiljaisuudessa voivat kasvaa
omat rakennelmamme,
tai jos hiljaisuus on Sanan valaisemaa,
Jumalan salatut suunnitelmat.

Jumalan antama risti:
vanha ihmisemme meissä sitä vihaa,
mutta uusi rakastaa.

POLTTAVAA TULTA

Ankaraa lakisaarnaa
toivovat ne,
joiden omat synnit
ovat pienemmät kuin toisten.

Älä lisää puita siihen tuleen,
jonka läpi lähimmäisesi täytyy kulkea.

JOS TIETÄISIN

Tuntuu, että osaisin
pitää hyvän hautajaispuheen
omissa hautajaisissani,
mutta kuolema ei ole näköpiirissä.

Mutta mitähän sanomista
minulla olisi,
jos tietäisin
tänään kuolevani.

Ahdistusten jälkeen

LAHJOJA ASTIAAN

Sairaus -
   astia, johon Isä antaa lahjojaan.
Esirukousten kantava voima.
Ilo kukasta, ystävästä, syksyn loistosta,
   puhelimen äänestä hiljaisuudessa.

Lepo kiireisen päivän jälkeen.
Jumalan ääni, joka paljastaa synnin.
Yltäkylläinen riemu lähellä Isää,
   ristiä, sovitusta.

Siunattu astia.

SINÄ ANNOIT ELÄMÄN

Elämä on minussa.
   Sinä sen annoit
      kuolemankin
      marraskuu.
Ja jälleen elämä -
      ylösnousemus.

MIKSI

Miksi kallisarvoinen helmi
           löytyy simpukankuoresta?
Miksi timantti kaivetaan
           vuoren uumenista?
Miksi lähteenraikas vesi
           pulppuaa mustasta maasta?
Miksi karrelle palaneessa ruumiissa
           asuu kirkas, riemuitseva henki?
Miksi?   Miksi?

OLISI RAUHA

Pieni koti katutasossa,
helppo ovi väsyneen tulla.
Seiniä kiertää Gaudeamus,
rönsyilee katossa,
ympäröi ikkunat,
kaikkialle levittää lehtensä.
Sinisiä, punaisia, keltaisia kukkia,
suurin Getsemane-taulun yläpuolella
-    passiflora   -

"Rangaistus oli Hänen päällänsä,
että meillä rauha olisi."

AHDISTUSTEN JÄLKEEN

Ahdistusten jälkeen ehtoolliskirkossa:

Älä anna ihmisten varjon
peittää Kristuksen kirkkautta.

UUSI VIRSI

Sanat ovat kadonneet.
Siteet katkeilevat
kuin elämänlanka myrsky-yössä.
Kukat ovat jo aikoja pudonneet.

Vain multa kätkee lupauksen.
Aamu, lämpö, valo.
Multa aukenee,
sanat syntyvät jälleen,
soivat, riemuitsevat,
istuimen eteen.

Uusi virsi.